保守国家秘密法学习百问百答

中国法制出版社

目 录

第一章 总 则

1. 《保守国家秘密法》的立法目的是什么? … 1
2. 什么是国家秘密? …… 1
3. 什么机构领导全国保密工作? …… 1
4. 保密工作应当遵循什么原则? …… 2
5. 如何理解国家秘密受法律保护? …… 2
6. 如何理解公民有保守国家秘密的义务? …… 3
7. 窃取、刺探、收买、非法提供国家秘密可能构成间谍行为吗? …… 4
8. 保密工作的管理机制是怎样的? …… 4
9. 如何实行保密工作责任制? …… 5

10. 如何加强保密宣传教育? ………… 6

11. 国家如何支持保密科学技术研究和应用? … 6

12. 如何保障保密工作所需经费? ………… 7

13. 如何加强保密人才培养和队伍建设? …… 7

第二章 国家秘密的范围和密级

14. 国家秘密的范围包括哪些事项? ……… 8

15. 哪些事项不得确定为国家秘密? ……… 9

16. 国家秘密的密级分为几级? ………… 9

17. 如何确定保密事项范围? …………… 10

18. 保密事项范围应当规定哪些内容? ……… 11

19. 什么是定密? ………………………… 11

20. 如何确定定密责任人? ……………… 11

21. 定密责任人有哪些职责? …………… 12

22. 定密权限是怎样分配的? …………… 13

23. 如何作出定密授权? ………………… 14

24. 如何申请定密授权？ ………………… 15

25. 如何派生定密？ ……………………… 16

26. 机关、单位如何处理其产生的国家秘密
事项？ …………………………………… 16

27. 机关、单位确定国家秘密，有什么程序
要求？ …………………………………… 18

28. 如何确定保密期限？ …………………… 18

29. 如何确定国家秘密的知悉范围？ ……… 20

30. 如何作出国家秘密标志？ ……………… 21

31. 什么情况下，应当对国家秘密的密级、
保密期限和知悉范围作出变更？如何
变更？ …………………………………… 23

32. 什么情况下，可以对国家秘密解密？ …… 24

33. 机关、单位被撤销或者合并的，其确
定的国家秘密如何变更和解除？ ……… 25

34. 机关、单位发现国家秘密的确定、变更
和解除不当的，应当采取什么措施？ …… 26

35. 对于合法但保密事项范围没有规定的不明确事项，应当如何处理？ ·············· 26

36. 机关、单位对是否属于国家秘密或者属于何种密级不明确或者有争议的，应当如何处理？ ·············· 27

37. 两个以上机关、单位共同产生的国家秘密事项如何定密？临时性工作机构的定密工作如何开展？ ·············· 29

第三章　保密制度

38. 国家秘密载体的管理应当遵守哪些规定？ ··· 30

39. 属于国家秘密的设备、产品的管理应当遵守哪些规定？ ·············· 32

40. 任何组织和个人不得对国家秘密载体实施哪些行为？ ·············· 33

41. 国家秘密的复制、记录、存储、传递有哪些禁止性规定？ ·············· 34

42. 如何保护涉密信息系统？ ·············· 34

4

43. 涉密信息系统可以分为哪些密级？ ……… 35

44. 涉密信息系统投入使用应当符合什么
要求？ ……………………………………… 35

45. 如何加强涉密信息系统的运行使用
管理？ ……………………………………… 36

46. 任何组织和个人不得对涉密信息系统
实施哪些行为？ …………………………… 36

47. 安全保密产品和保密技术装备应当符
合什么要求？ ……………………………… 38

48. 报刊、图书、音像制品、电子出版物
等应当遵守保密规定吗？ ………………… 38

49. 网络运营者如何加强对其用户发布的
信息的管理？ ……………………………… 39

50. 机关、单位对拟公开的信息应当进行
保密审查吗？ ……………………………… 39

51. 开展涉及国家秘密的数据处理活动及
其安全监管应当符合什么规定？ ………… 40

52. 机关、单位如何防止国家秘密向境外泄露? ………… 40

53. 举办会议或者其他活动涉及国家秘密的,主办单位应当采取哪些保密措施? … 41

54. 如何确定保密要害部门? ………… 42

55. 哪些场所应当采取保密措施,不得擅自开放? ………… 42

56. 企业事业单位从事涉密业务的,应当符合什么要求? ………… 43

57. 从事涉密业务的企业事业单位应当具备哪些条件? ………… 44

58. 机关、单位采购涉及国家秘密的货物、服务的,应当如何遵守保密规定? ……… 45

59. 如何对涉密人员进行分类管理? ………… 46

60. 涉密人员出境有什么限制? ………… 47

61. 涉密人员离岗离职应当符合什么要求? … 47

62. 国家工作人员或者其他公民发现国家秘密已经泄露或者可能泄露时,应当采取什么措施? ·················· 48

第四章　监督管理

63. 国家保密行政管理部门有哪些职责? ······· 49
64. 保密行政管理部门负责哪些工作? ·········· 49
65. 保密行政管理部门发现国家秘密确定、变更或者解除不当的,应当采取什么措施? ··· 50
66. 保密行政管理部门如何对机关、单位遵守保密法律法规和相关制度的情况进行检查并作出处理? ················· 50
67. 保密行政管理部门在保密检查和案件调查处理中,可以采取什么措施? ········ 51
68. 保密行政管理部门在保密检查过程中,发现有泄密隐患的,可以采取什么措施? ··· 52
69. 机关、单位发现国家秘密已经泄露或者可能泄露的,应当采取什么措施? ······ 52

70. 保密行政管理部门对涉嫌泄露国家秘密的线索和案件，应当如何处理？ ……… 53

71. 保密行政管理部门收缴非法获取、持有的国家秘密载体，应当采取什么措施？ …… 54

72. 什么部门负责对办理涉嫌泄露国家秘密案件的机关提出鉴定的事项是否属于国家秘密、属于何种密级作出鉴定？ ……… 54

73. 保密行政管理部门应当依法对机关、单位执行保密法律法规的哪些情况进行检查？ ………………………………………… 55

74. 办理涉嫌泄露国家秘密案件的机关，对有关事项是否属于国家秘密、属于何种密级如何进行鉴定？ ………………… 56

75. 机关、单位对违反国家保密规定的人员不依法给予处分的，保密行政管理部门应当如何处理？ ………………………… 57

76. 保密协会等行业组织如何开展工作？ …… 57

第五章　法律责任

77. 哪些违反《保守国家秘密法》的行为应当受到处分? ……………… 58

78. 哪些情形属于泄露国家秘密? ………… 60

79. 机关、单位发生重大泄露国家秘密案件的,有什么后果? ……………… 61

80. 机关、单位对应当定密的事项不定密,对不应当定密的事项定密,或者未履行解密审核责任的,有什么后果? ……… 61

81. 机关、单位负责人发现其指定的定密责任人未依法履行定密职责的,应当如何处理? ………………………… 62

82. 定密责任人和承办人违反定密管理规定的,应当如何处理? ……………… 63

83. 网络运营者未按照《保守国家秘密法》对其用户发布的信息进行管理的,有什么后果? ……………………… 64

84. 取得保密资质的企业事业单位违反国家保密规定的，有什么后果? …… 65

85. 未取得保密资质的企业事业单位违反国家保密规定的，有什么后果? ………… 65

86. 机关、单位委托未经保密审查的单位从事涉密业务的，有什么后果? …… 66

87. 保密行政管理部门的工作人员滥用职权、玩忽职守、徇私舞弊的，有什么后果? ………………………………………… 66

88. 机关、单位发生泄露国家秘密案件不按照规定报告或者未采取补救措施的，有什么后果? ……………………………… 67

89. 有关机关、单位及其工作人员逃避、妨碍保密检查或者泄露国家秘密案件查处的，有什么后果? ………………… 68

90. 企业事业单位及其工作人员协助机关、单位逃避、妨碍保密检查或者泄露国家秘密案件查处的，有什么后果? ……… 68

91. 经保密审查合格的企业事业单位违反保密管理规定的,有什么后果? ·········· 69

92. 涉密信息系统未按照规定进行检测评估和审查而投入使用的,有什么后果? ······ 69

93. 在反间谍工作中,泄露国家秘密的,有什么后果? ································ 70

94. 单位不认真履行反间谍安全防范责任和义务,发生为境外窃取、刺探、收买、非法提供国家秘密、情报案件的,有什么后果? ································ 70

95. 泄露与国家情报工作有关的国家秘密的,有什么后果? ························ 71

96. 为境外窃取、刺探、收买、非法提供国家秘密、情报的,应当承担什么刑事责任? ·· 71

97. 非法获取国家秘密的,应当承担什么刑事责任? ································ 72

98. 非法持有国家绝密、机密文件、资料、物品的，应当承担什么刑事责任? ……… 72

99. 泄露国家秘密的，应当承担什么刑事责任? ……………………………………… 73

100. 非法获取军事秘密的，应当承担什么刑事责任? …………………………………… 73

101. 泄露军事秘密的，应当承担什么刑事责任? ……………………………………… 74

102. 非法获取、持有属于国家秘密的文件、数据、资料、物品，尚不构成犯罪的，应当如何处理? ……………………… 75

103. 什么是"非法持有属于国家秘密的文件、资料和其他物品"? …………… 75

104. 机关、单位对履行职能过程中产生或者获取的不属于国家秘密但泄露后会造成一定不利影响的事项，如何进行管理? ……………………………………… 76

典型案例

1. 领取涉密文件随意找人代领,造成泄密 ⋯ 77
2. 接收、发送压缩包文件时未逐级展开查看所有文件,造成泄密 ⋯⋯⋯⋯⋯⋯⋯⋯ 79
3. 未按规定履行工作交接手续,私自将涉密文件拷入非涉密计算机,造成泄密 ⋯⋯ 81
4. 公职人员被境外间谍组织拉拢腐蚀,出卖国家秘密⋯⋯⋯⋯⋯⋯⋯⋯⋯⋯⋯⋯ 83
5. 在校生为境外人员搜集、拍摄涉军装备及部队位置信息⋯⋯⋯⋯⋯⋯⋯⋯⋯ 85
6. 婚纱摄影师为境外人员远景拍摄军港周边停泊军舰⋯⋯⋯⋯⋯⋯⋯⋯⋯ 86
7. 黄某某为境外人员搜集军港内军舰信息 ⋯ 87
8. 餐厅老板故意泄露国家安全机关工作秘密 ⋯⋯⋯⋯⋯⋯⋯⋯⋯⋯⋯⋯⋯⋯ 88

9. 做兼职拍照可能泄露国家机密 …………… 90

10. 认清网络伪装背后的危害国家安全违法犯罪 …………………………… 93

第一章 总 则

1. 《保守国家秘密法》的立法目的是什么？

《保守国家秘密法》第一条规定，为了保守国家秘密，维护国家安全和利益，保障改革开放和社会主义现代化建设事业的顺利进行，根据宪法，制定本法。

2. 什么是国家秘密？

《保守国家秘密法》第二条规定，国家秘密是关系国家安全和利益，依照法定程序确定，在一定时间内只限一定范围的人员知悉的事项。

3. 什么机构领导全国保密工作？

《保守国家秘密法》第三条规定，坚持中

国共产党对保守国家秘密（以下简称保密）工作的领导。中央保密工作领导机构领导全国保密工作，研究制定、指导实施国家保密工作战略和重大方针政策，统筹协调国家保密重大事项和重要工作，推进国家保密法治建设。

4. 保密工作应当遵循什么原则？

《保守国家秘密法》第四条规定，保密工作坚持总体国家安全观，遵循党管保密、依法管理，积极防范、突出重点，技管并重、创新发展的原则，既确保国家秘密安全，又便利信息资源合理利用。

法律、行政法规规定公开的事项，应当依法公开。

5. 如何理解国家秘密受法律保护？

《保守国家秘密法》第五条规定，国家秘密受法律保护。一切国家机关和武装力量、各政党和各人民团体、企业事业组织和其他社会组织以及公民都有保密的义务。任何危害国家秘密安全的行为，都必须受到法律追究。

6. 如何理解公民有保守国家秘密的义务？

《宪法》第五十三条规定，中华人民共和国公民必须遵守宪法和法律，保守国家秘密，爱护公共财产，遵守劳动纪律，遵守公共秩序，尊重社会公德。

根据《中国共产党章程》第三条第四项的规定，党员的义务包括：自觉遵守党的纪律，首先是党的政治纪律和政治规矩，模范遵守国家的法律法规，严格保守党和国家的秘密，执行党的决定，服从组织分配，积极完成党的任务。

根据《国家安全法》第七十七条的规定，保守所知悉的国家秘密是公民和组织应当履行的维护国家安全的义务。

保守国家秘密是维护国家安全的要求。国家安全事关个人幸福、社会进步和民族复兴。国家安全得不到维护，人民群众的幸福生活就无从谈起，社会就不可能发展进步，民族复兴也就无法保障。所以保守国家秘密与每个人都息息相关。

7. 窃取、刺探、收买、非法提供国家秘密可能构成间谍行为吗？

根据《反间谍法》第四条第一款的规定，间谍行为包括：间谍组织及其代理人以外的其他境外机构、组织、个人实施或者指使、资助他人实施，或者境内机构、组织、个人与其相勾结实施的窃取、刺探、收买、非法提供国家秘密、情报以及其他关系国家安全和利益的文件、数据、资料、物品，或者策动、引诱、胁迫、收买国家工作人员叛变的活动。

8. 保密工作的管理机制是怎样的？

《保守国家秘密法》第六条规定，国家保密行政管理部门主管全国的保密工作。县级以上地方各级保密行政管理部门主管本行政区域的保密工作。

第七条规定，国家机关和涉及国家秘密的单位（以下简称机关、单位）管理本机关和本单位的保密工作。中央国家机关在其职权范围内管理或者指导本系统的保密工作。

9. 如何实行保密工作责任制？

《保守国家秘密法》第八条规定，机关、单位应当实行保密工作责任制，依法设置保密工作机构或者指定专人负责保密工作，健全保密管理制度，完善保密防护措施，开展保密宣传教育，加强保密监督检查。

根据《保守国家秘密法实施条例》第六条的规定，机关、单位负责人对本机关、本单位的保密工作负责，工作人员对本岗位的保密工作负责。机关、单位及其工作人员履行保密工作责任制情况应当纳入年度考评和考核内容。

10. 如何加强保密宣传教育？

《保守国家秘密法》第九条规定，国家采取多种形式加强保密宣传教育，将保密教育纳入国民教育体系和公务员教育培训体系，鼓励大众传播媒介面向社会进行保密宣传教育，普及保密知识，宣传保密法治，增强全社会的保密意识。

《保守国家秘密法实施条例》第七条规定，各级保密行政管理部门应当组织开展经常性的保密宣传教育。机关、单位应当定期对本机关、本单位工作人员进行保密形势、保密法律法规、保密技术防范等方面的教育培训。

11. 国家如何支持保密科学技术研究和应用？

《保守国家秘密法》第十条规定，国家鼓励和支持保密科学技术研究和应用，提升自主创新能力，依法保护保密领域的知识产权。

12. 如何保障保密工作所需经费？

《保守国家秘密法》第十一条规定，县级以上人民政府应当将保密工作纳入本级国民经济和社会发展规划，所需经费列入本级预算。机关、单位开展保密工作所需经费应当列入本机关、本单位年度预算或者年度收支计划。

13. 如何加强保密人才培养和队伍建设？

《保守国家秘密法》第十二条规定，国家加强保密人才培养和队伍建设，完善相关激励保障机制。对在保守、保护国家秘密工作中做出突出贡献的组织和个人，按照国家有关规定给予表彰和奖励。

(7) 经国家保密行政管理部门确定的其他秘密事项。

政党的秘密事项中符合前述规定的,属于国家秘密。

15. 哪些事项不得确定为国家秘密?

《国家秘密定密管理暂行规定》第十九条规定,下列事项不得确定为国家秘密:

(1) 需要社会公众广泛知晓或者参与的;

(2) 属于工作秘密、商业秘密、个人隐私的;

(3) 已经依法公开或者无法控制知悉范围的;

(4) 法律、法规或者国家有关规定要求公开的。

16. 国家秘密的密级分为几级?

《保守国家秘密法》第十四条规定,国家秘密的密级分为绝密、机密、秘密三级。具体如下：

（1）绝密级国家秘密是最重要的国家秘密，泄露会使国家安全和利益遭受特别严重的损害；

（2）机密级国家秘密是重要的国家秘密，泄露会使国家安全和利益遭受严重的损害；

（3）秘密级国家秘密是一般的国家秘密，泄露会使国家安全和利益遭受损害。

17. 如何确定保密事项范围？

《保守国家秘密法》第十五条规定，国家秘密及其密级的具体范围（以下简称保密事项范围），由国家保密行政管理部门单独或者会同有关中央国家机关规定。

军事方面的保密事项范围，由中央军事委员会规定。

保密事项范围的确定应当遵循必要、合理原则，科学论证评估，并根据情况变化及时调整。保密事项范围的规定应当在有关范围内公布。

18. 保密事项范围应当规定哪些内容？

根据《保守国家秘密法实施条例》第八条的规定，保密事项范围应当明确规定国家秘密具体事项的名称、密级、保密期限、知悉范围。

保密事项范围应当根据情况变化及时调整。制定、修订保密事项范围应当充分论证，听取有关机关、单位和相关领域专家的意见。

19. 什么是定密？

《国家秘密定密管理暂行规定》第二条规定，定密，是指国家机关和涉及国家秘密的单位依法确定、变更和解除国家秘密的活动。

20. 如何确定定密责任人？

《保守国家秘密法》第十六条规定，机关、单位主要负责人及其指定的人员为定密责任人，负责本机关、本单位的国家秘密确定、变更和解除工作。机关、单位确定、变更和解除本机关、本单位的国家秘密,应当由承办人提出具体意见,经定密责任人审核批准。

《国家秘密定密管理暂行规定》第十四条规定,机关、单位负责人为本机关、本单位的定密责任人,对定密工作负总责。根据工作需要,机关、单位负责人可以指定本机关、本单位其他负责人、内设机构负责人或者其他工作人员为定密责任人,并明确相应的定密权限。机关、单位指定的定密责任人应当熟悉涉密业务工作,符合在涉密岗位工作的基本条件。

《保守国家秘密法实施条例》第九条第二款规定,专门负责定密的工作人员应当接受定密培训,熟悉定密职责和保密事项范围,掌握定密程序和方法。

21. 定密责任人有哪些职责?

《保守国家秘密法实施条例》第十条规定,定密责任人在职责范围内承担有关国家秘密确定、变更和解除工作。具体职责是：

（1）审核批准本机关、本单位产生的国家秘密的密级、保密期限和知悉范围；

（2）对本机关、本单位产生的尚在保密期限内的国家秘密进行审核，作出是否变更或者解除的决定；

（3）对是否属于国家秘密和属于何种密级不明确的事项先行拟定密级，并按照规定的程序报保密行政管理部门确定。

22. 定密权限是怎样分配的？

《保守国家秘密法》第十七条规定，确定国家秘密的密级，应当遵守定密权限。

中央国家机关、省级机关及其授权的机关、单位可以确定绝密级、机密级和秘密级国家秘密；设区的市级机关及其授权的机关、单位可以确定机密级和秘密级国家秘密；特殊情况下无法按照上述规定授权定密的，国家保密行政管理部门或者省、自治区、直辖市保密行政管理部门可以授予机关、单位定密权限。具体的定密权限、授权范围由国家保密行政管理部门规定。

下级机关、单位认为本机关、本单位产生的有关定密事项属于上级机关、单位的定密权限，应当先行采取保密措施，并立即报请上级机关、单位确定；没有上级机关、单位的，应当立即提请有相应定密权限的业务主管部门或者保密行政管理部门确定。

公安机关、国家安全机关在其工作范围内按照规定的权限确定国家秘密的密级。

23. 如何作出定密授权？

《保守国家秘密法实施条例》第十一条规定，中央国家机关、省级机关以及设区的市、自治州级机关可以根据保密工作需要或者有关机关、单位的申请，在国家保密行政管理部门规定的定密权限、授权范围内作出定密授权。

定密授权应当以书面形式作出。授权机关

应当对被授权机关、单位履行定密授权的情况进行监督。

中央国家机关、省级机关作出的授权,报国家保密行政管理部门备案;设区的市、自治州级机关作出的授权,报省、自治区、直辖市保密行政管理部门备案。

24. 如何申请定密授权?

《国家秘密定密管理暂行规定》第九条规定,没有定密权但经常产生国家秘密事项的机关、单位,或者虽有定密权但经常产生超出其定密权限的国家秘密事项的机关、单位,可以向授权机关申请定密授权。

机关、单位申请定密授权,应当向其上级业务主管部门提出;没有上级业务主管部门的,应当向其上级机关提出。

机关、单位申请定密授权,应当书面说明拟申请的定密权限、事项范围、授权期限以及申请依据和理由。

根据《国家秘密定密管理暂行规定》第四十四条第四项的规定,上述条文所指"经常"产生国家秘密事项,是指近三年来年均产生六件以上国家秘密事项的情形。

25. 如何派生定密？

《保守国家秘密法》第十八条规定,机关、单位执行上级确定的国家秘密事项或者办理其他机关、单位确定的国家秘密事项,需要派生定密的,应当根据所执行、办理的国家秘密事项的密级确定。

26. 机关、单位如何处理其产生的国家秘密事项？

《保守国家秘密法》第十九条规定,机关、单位对所产生的国家秘密事项,应当按照保密事项范围的规定确定密级,同时确定保密期限和知悉范围;有条件的可以标注密点。

《保守国家秘密法实施条例》第十二条规

第二章 国家秘密的范围和密级

14. 国家秘密的范围包括哪些事项?

《保守国家秘密法》第十三条规定,下列涉及国家安全和利益的事项,泄露后可能损害国家在政治、经济、国防、外交等领域的安全和利益的,应当确定为国家秘密:

(1) 国家事务重大决策中的秘密事项;

(2) 国防建设和武装力量活动中的秘密事项;

(3) 外交和外事活动中的秘密事项以及对外承担保密义务的秘密事项;

(4) 国民经济和社会发展中的秘密事项;

(5) 科学技术中的秘密事项;

(6) 维护国家安全活动和追查刑事犯罪中的秘密事项;

定，机关、单位应当在国家秘密产生的同时，由承办人依据有关保密事项范围拟定密级、保密期限和知悉范围，报定密责任人审核批准，并采取相应保密措施。

《国家秘密定密管理暂行规定》第二十条规定，机关、单位对所产生的国家秘密事项有定密权的，应当依法确定密级、保密期限和知悉范围。没有定密权的，应当先行采取保密措施，并立即报请有定密权的上级机关、单位确定；没有上级机关、单位的，应当立即提请有相应定密权限的业务主管部门或者保密行政管理部门确定。

机关、单位执行上级机关、单位或者办理其他机关、单位已定密事项所产生的国家秘密事项，根据所执行或者办理的国家秘密事项确定密级、保密期限和知悉范围。

27. 机关、单位确定国家秘密，有什么程序要求？

《国家秘密定密管理暂行规定》第二十一条规定，机关、单位确定国家秘密，应当依照法定程序进行并作出书面记录，注明承办人、定密责任人和定密依据。

28. 如何确定保密期限？

《保守国家秘密法》第二十条规定，国家秘密的保密期限，应当根据事项的性质和特点，按照维护国家安全和利益的需要，限定在必要的期限内；不能确定期限的，应当确定解密的条件。

国家秘密的保密期限，除另有规定外，绝密级不超过三十年，机密级不超过二十年，秘密级不超过十年。

机关、单位应当根据工作需要，确定具体的保密期限、解密时间或者解密条件。

机关、单位对在决定和处理有关事项工作过程中确定需要保密的事项，根据工作需要决定公开的，正式公布时即视为解密。

《保守国家秘密法实施条例》第十三条规定，机关、单位对所产生的国家秘密，应当按照保密事项范围的规定确定具体的保密期限；保密事项范围没有规定具体保密期限的，可以根据工作需要，在《保守国家秘密法》规定的保密期限内确定；不能确定保密期限的，应当确定解密条件。

国家秘密的保密期限，自标明的制发日起计算；不能标明制发日的，确定该国家秘密的机关、单位应当书面通知知悉范围内的机关、单位和人员，保密期限自通知之日起计算。

《国家秘密定密管理暂行规定》第二十二条规定，国家秘密具体的保密期限一般应当以日、月或者年计；不能确定具体的保密期限的，应当确定解密时间或者解密条件。国家秘密的解密条件应当明确、具体、合法。

除保密事项范围有明确规定外,国家秘密的保密期限不得确定为长期。

29. 如何确定国家秘密的知悉范围？

《保守国家秘密法》第二十一条规定,国家秘密的知悉范围,应当根据工作需要限定在最小范围。

国家秘密的知悉范围能够限定到具体人员的,限定到具体人员;不能限定到具体人员的,限定到机关、单位,由该机关、单位限定到具体人员。

国家秘密的知悉范围以外的人员,因工作需要知悉国家秘密的,应当经过机关、单位主要负责人或者其指定的人员批准。原定密机关、单位对扩大国家秘密的知悉范围有明确规定的,应当遵守其规定。

《保守国家秘密法实施条例》第十四条规定,机关、单位应当按照《保守国家秘密法》的规定,严格限定国家秘密的知悉范围,对知悉机密级以上国家秘密的人员，应当作出书面记录。

《国家秘密定密管理暂行规定》第二十三条规定，国家秘密的知悉范围应当在国家秘密载体上标明。不能标明的，应当书面通知知悉范围内的机关、单位或者人员。

30. 如何作出国家秘密标志？

《保守国家秘密法》第二十二条规定，机关、单位对承载国家秘密的纸介质、光介质、电磁介质等载体（以下简称国家秘密载体）以及属于国家秘密的设备、产品，应当作出国家秘密标志。

涉及国家秘密的电子文件应当按照国家有关规定作出国家秘密标志。

不属于国家秘密的，不得作出国家秘密标志。

《保守国家秘密法实施条例》第十五条第一款规定，国家秘密载体以及属于国家秘密的设备、产品的明显部位应当标注国家秘密标志。国家秘密标志应当标注密级和保密期限。国家秘密的密级和保密期限发生变更的,应当及时对原国家秘密标志作出变更。

《国家秘密定密管理暂行规定》第二十四条规定,国家秘密一经确定,应当同时在国家秘密载体上作出国家秘密标志。国家秘密标志形式为"密级★保密期限"、"密级★解密时间"或者"密级★解密条件"。

在纸介质和电子文件国家秘密载体上作出国家秘密标志的,应当符合有关国家标准。没有国家标准的,应当标注在封面左上角或者标题下方的显著位置。光介质、电磁介质等国家秘密载体和属于国家秘密的设备、产品的国家秘密标志,应当标注在壳体及封面、外包装的显著位置。

国家秘密标志应当与载体不可分离,明显并易于识别。

无法作出或者不宜作出国家秘密标志的,

确定该国家秘密的机关、单位应当书面通知知悉范围内的机关、单位或者人员。凡未标明保密期限或者解密条件，且未作书面通知的国家秘密事项，其保密期限按照绝密级事项三十年、机密级事项二十年、秘密级事项十年执行。

31. 什么情况下，应当对国家秘密的密级、保密期限和知悉范围作出变更？如何变更？

《保守国家秘密法》第二十三条规定，国家秘密的密级、保密期限和知悉范围，应当根据情况变化及时变更。国家秘密的密级、保密期限和知悉范围的变更，由原定密机关、单位决定，也可以由其上级机关决定。

国家秘密的密级、保密期限和知悉范围变更的，应当及时书面通知知悉范围内的机关、单位或者人员。

《国家秘密定密管理暂行规定》第二十六

条规定，有下列情形之一的，机关、单位应当对所确定国家秘密事项的密级、保密期限或者知悉范围及时作出变更：

（1）定密时所依据的法律法规或者保密事项范围发生变化的；

（2）泄露后对国家安全和利益的损害程度发生明显变化的。

必要时，上级机关、单位或者业务主管部门可以直接变更下级机关、单位确定的国家秘密事项的密级、保密期限或者知悉范围。

32. 什么情况下，可以对国家秘密解密？

《保守国家秘密法》第二十四条规定，机关、单位应当每年审核所确定的国家秘密。

国家秘密的保密期限已满的，自行解密。在保密期限内因保密事项范围调整不再作为国家秘密，或者公开后不会损害国家安全和利益，不需要继续保密的，应当及时解密；需要延长保密期限的，应当在原保密期限届满前重新确定密级、保密期限和知悉范围。提前解密或者延长保密期限的,由原定密机关、单位决定,也可以由其上级机关决定。

《保守国家秘密法实施条例》第十六条第二款、第三款规定,机关、单位对不属于本机关、本单位产生的国家秘密,认为符合《保守国家秘密法》有关解密或者延长保密期限规定的,可以向原定密机关、单位或者其上级机关、单位提出建议。

已经依法移交各级国家档案馆的属于国家秘密的档案,由原定密机关、单位按照国家有关规定进行解密审核。

33. 机关、单位被撤销或者合并的,其确定的国家秘密如何变更和解除?

《保守国家秘密法实施条例》第十七条规定,机关、单位被撤销或者合并的,该机关、单位所确定国家秘密的变更和解除,由承担其职能的机关、单位负责,也可以由其上级机关、单位或者保密行政管理部门指定的机关、单位负责。

34. 机关、单位发现国家秘密的确定、变更和解除不当的,应当采取什么措施?

《保守国家秘密法实施条例》第十八条规定,机关、单位发现本机关、本单位国家秘密的确定、变更和解除不当的,应当及时纠正;上级机关、单位发现下级机关、单位国家秘密的确定、变更和解除不当的,应当及时通知其纠正,也可以直接纠正。

35. 对于合法但保密事项范围没有规定的不明确事项,应当如何处理?

《保守国家秘密法实施条例》第十九条规定,机关、单位对符合《保守国家秘密法》的规定,但保密事项范围没有规定的不明确事项,应当先行拟定密级、保密期限和知悉范围,采取相应的保密措施,并自拟定之日起十日内报有关部门确定。拟定为绝密级的事项和中央国家机关拟定的机密级、秘密级的事项,报国家保密行政管理部门确定;其他机关、单位拟定的机密级、秘密级的事项,报省、自治区、直辖市保密行政管理部门确定。

保密行政管理部门接到报告后,应当在十日内作出决定。省、自治区、直辖市保密行政管理部门还应当将所作决定及时报国家保密行政管理部门备案。

36. 机关、单位对是否属于国家秘密或者属于何种密级不明确或者有争议的,应当如何处理?

《保守国家秘密法》第二十五条规定,机关、单位对是否属于国家秘密或者属于何种密级不明确或者有争议的,由国家保密行政管理部门或者省、自治区、直辖市保密行政管理部门按照国家保密规定确定。

《保守国家秘密法实施条例》第二十条规

定，机关、单位对已定密事项是否属于国家秘密或者属于何种密级有不同意见的，可以向原定密机关、单位提出异议，由原定密机关、单位作出决定。

机关、单位对原定密机关、单位未予处理或者对作出的决定仍有异议的，按照下列规定办理：

（1）确定为绝密级的事项和中央国家机关确定的机密级、秘密级的事项，报国家保密行政管理部门确定。

（2）其他机关、单位确定的机密级、秘密级的事项，报省、自治区、直辖市保密行政管理部门确定；对省、自治区、直辖市保密行政管理部门作出的决定有异议的，可以报国家保密行政管理部门确定。

在原定密机关、单位或者保密行政管理部门作出决定前，对有关事项应当按照主张密级中的最高密级采取相应的保密措施。

37. 两个以上机关、单位共同产生的国家秘密事项如何定密？临时性工作机构的定密工作如何开展？

《国家秘密定密管理暂行规定》第二十五条规定，两个以上机关、单位共同产生的国家秘密事项，由主办该事项的机关、单位征求协办机关、单位意见后确定。临时性工作机构的定密工作，由承担该机构日常工作的机关、单位负责。

第三章 保密制度

38. 国家秘密载体的管理应当遵守哪些规定?

《保守国家秘密法》第二十六条规定,国家秘密载体的制作、收发、传递、使用、复制、保存、维修和销毁,应当符合国家保密规定。

绝密级国家秘密载体应当在符合国家保密标准的设施、设备中保存,并指定专人管理;未经原定密机关、单位或者其上级机关批准,不得复制和摘抄;收发、传递和外出携带,应当指定人员负责,并采取必要的安全措施。

《保守国家秘密法实施条例》第二十一条规定,国家秘密载体管理应当遵守下列规定:

(1)制作国家秘密载体,应当由机关、单

位或者经保密行政管理部门保密审查合格的单位承担,制作场所应当符合保密要求。

(2) 收发国家秘密载体,应当履行清点、编号、登记、签收手续。

(3) 传递国家秘密载体,应当通过机要交通、机要通信或者其他符合保密要求的方式进行。

(4) 复制国家秘密载体或者摘录、引用、汇编属于国家秘密的内容,应当按照规定报批,不得擅自改变原件的密级、保密期限和知悉范围,复制件应当加盖复制机关、单位戳记,并视同原件进行管理。

(5) 保存国家秘密载体的场所、设施、设备,应当符合国家保密要求。

(6) 维修国家秘密载体,应当由本机关、本单位专门技术人员负责。确需外单位人员维修的,应当由本机关、本单位的人员现场监督;确需在本机关、本单位以外维修的,应当符合国家保密规定。

(7) 携带国家秘密载体外出,应当符合国家保密规定,并采取可靠的保密措施;携带国家秘密载体出境的,应当按照国家保密规定办理批准和携带手续。

《保守国家秘密法实施条例》第二十二条规定,销毁国家秘密载体应当符合国家保密规定和标准,确保销毁的国家秘密信息无法还原。销毁国家秘密载体应当履行清点、登记、审批手续,并送交保密行政管理部门设立的销毁工作机构或者保密行政管理部门指定的单位销毁。机关、单位确因工作需要,自行销毁少量国家秘密载体的,应当使用符合国家保密标准的销毁设备和方法。

39. 属于国家秘密的设备、产品的管理应当遵守哪些规定?

《保守国家秘密法》第二十七条规定,属于国家秘密的设备、产品的研制、生产、运输、使用、保存、维修和销毁,应当符合国家保密规定。

40. 任何组织和个人不得对国家秘密载体实施哪些行为？

《保守国家秘密法》第二十八条规定，机关、单位应当加强对国家秘密载体的管理，任何组织和个人不得有下列行为：

（1）非法获取、持有国家秘密载体；

（2）买卖、转送或者私自销毁国家秘密载体；

（3）通过普通邮政、快递等无保密措施的渠道传递国家秘密载体；

（4）寄递、托运国家秘密载体出境；

（5）未经有关主管部门批准，携带、传递国家秘密载体出境；

（6）其他违反国家秘密载体保密规定的行为。

41. 国家秘密的复制、记录、存储、传递有哪些禁止性规定？

《保守国家秘密法》第二十九条规定，禁止非法复制、记录、存储国家秘密。

禁止未按照国家保密规定和标准采取有效保密措施，在互联网及其他公共信息网络或者有线和无线通信中传递国家秘密。

禁止在私人交往和通信中涉及国家秘密。

42. 如何保护涉密信息系统？

《保守国家秘密法》第三十条规定，存储、处理国家秘密的计算机信息系统（以下简称涉密信息系统）按照涉密程度实行分级保护。

涉密信息系统应当按照国家保密规定和标准规划、建设、运行、维护，并配备保密设施、设备。保密设施、设备应当与涉密信息系统同步规划、同步建设、同步运行。

涉密信息系统应当按照规定，经检查合格

后,方可投入使用,并定期开展风险评估。

43. 涉密信息系统可以分为哪些密级?

《保守国家秘密法实施条例》第二十三条规定,涉密信息系统按照涉密程度分为绝密级、机密级、秘密级。机关、单位应当根据涉密信息系统存储、处理信息的最高密级确定系统的密级,按照分级保护要求采取相应的安全保密防护措施。

44. 涉密信息系统投入使用应当符合什么要求?

《保守国家秘密法实施条例》第二十四条规定,涉密信息系统应当由国家保密行政管理部门设立或者授权的保密测评机构进行检测评估,并经设区的市、自治州级以上保密行政管理部门审查合格,方可投入使用。

公安、国家安全机关的涉密信息系统投入使用的管理办法,由国家保密行政管理部门会同国务院公安、国家安全部门另行规定。

45. 如何加强涉密信息系统的运行使用管理？

《保守国家秘密法实施条例》第二十五条规定，机关、单位应当加强涉密信息系统的运行使用管理，指定专门机构或者人员负责运行维护、安全保密管理和安全审计，定期开展安全保密检查和风险评估。

涉密信息系统的密级、主要业务应用、使用范围和使用环境等发生变化或者涉密信息系统不再使用的，应当按照国家保密规定及时向保密行政管理部门报告，并采取相应措施。

46. 任何组织和个人不得对涉密信息系统实施哪些行为？

《保守国家秘密法》第三十一条规定，机关、单位应当加强对信息系统、信息设备的保密管理，建设保密自监管设施，及时发现并处置安全保密风险隐患。任何组织和个人不得有下列行为：

（1）未按照国家保密规定和标准采取有效保密措施，将涉密信息系统、涉密信息设备接入互联网及其他公共信息网络；

（2）未按照国家保密规定和标准采取有效保密措施，在涉密信息系统、涉密信息设备与互联网及其他公共信息网络之间进行信息交换；

（3）使用非涉密信息系统、非涉密信息设备存储或者处理国家秘密；

（4）擅自卸载、修改涉密信息系统的安全技术程序、管理程序；

（5）将未经安全技术处理的退出使用的涉密信息设备赠送、出售、丢弃或者改作其他用途；

（6）其他违反信息系统、信息设备保密规定的行为。

47. 安全保密产品和保密技术装备应当符合什么要求？

《保守国家秘密法》第三十二条规定，用于保护国家秘密的安全保密产品和保密技术装备应当符合国家保密规定和标准。

国家建立安全保密产品和保密技术装备抽检、复检制度，由国家保密行政管理部门设立或者授权的机构进行检测。

48. 报刊、图书、音像制品、电子出版物等应当遵守保密规定吗？

《保守国家秘密法》第三十三条规定，报刊、图书、音像制品、电子出版物的编辑、出版、印制、发行，广播节目、电视节目、电影的制作和播放，网络信息的制作、复制、发布、传播，应当遵守国家保密规定。

49. 网络运营者如何加强对其用户发布的信息的管理？

《保守国家秘密法》第三十四条规定，网络运营者应当加强对其用户发布的信息的管理，配合监察机关、保密行政管理部门、公安机关、国家安全机关对涉嫌泄露国家秘密案件进行调查处理；发现利用互联网及其他公共信息网络发布的信息涉嫌泄露国家秘密的，应当立即停止传输该信息，保存有关记录，向保密行政管理部门或者公安机关、国家安全机关报告；应当根据保密行政管理部门或者公安机关、国家安全机关的要求，删除涉及泄露国家秘密的信息，并对有关设备进行技术处理。

50. 机关、单位对拟公开的信息应当进行保密审查吗？

《保守国家秘密法》第三十五条规定，机

关、单位应当依法对拟公开的信息进行保密审查，遵守国家保密规定。

51. 开展涉及国家秘密的数据处理活动及其安全监管应当符合什么规定？

《保守国家秘密法》第三十六条规定，开展涉及国家秘密的数据处理活动及其安全监管应当符合国家保密规定。

国家保密行政管理部门和省、自治区、直辖市保密行政管理部门会同有关主管部门建立安全保密防控机制，采取安全保密防控措施，防范数据汇聚、关联引发的泄密风险。

机关、单位应当对汇聚、关联后属于国家秘密事项的数据依法加强安全管理。

52. 机关、单位如何防止国家秘密向境外泄露？

《保守国家秘密法》第三十七条规定，机关、单位向境外或者向境外在中国境内设立的组织、机构提供国家秘密，任用、聘用的境外人员因工作需要知悉国家秘密的，按照国家有关规定办理。

53. 举办会议或者其他活动涉及国家秘密的，主办单位应当采取哪些保密措施？

《保守国家秘密法》第三十八条规定，举办会议或者其他活动涉及国家秘密的，主办单位应当采取保密措施，并对参加人员进行保密教育，提出具体保密要求。

《保守国家秘密法实施条例》第二十七条规定，举办会议或者其他活动涉及国家秘密的，主办单位应当采取下列保密措施：

（1）根据会议、活动的内容确定密级，制定保密方案，限定参加人员范围；

（2）使用符合国家保密规定和标准的场所、设施、设备；

（3）按照国家保密规定管理国家秘密载体；

（4）对参加人员提出具体保密要求。

54. 如何确定保密要害部门？

《保守国家秘密法》第三十九条规定，机关、单位应当将涉及绝密级或者较多机密级、秘密级国家秘密的机构确定为保密要害部门，将集中制作、存放、保管国家秘密载体的专门场所确定为保密要害部位，按照国家保密规定和标准配备、使用必要的技术防护设施、设备。

55. 哪些场所应当采取保密措施，不得擅自开放？

《保守国家秘密法》第四十条规定，军事禁区、军事管理区和属于国家秘密不对外开放的其他场所、部位，应当采取保密措施，未经有关部门批准，不得擅自决定对外开放或者扩大开放范围。

涉密军事设施及其他重要涉密单位周边区域应当按照国家保密规定加强保密管理。

56. 企业事业单位从事涉密业务的，应当符合什么要求？

《保守国家秘密法》第四十一条规定，从事涉及国家秘密业务的企业事业单位，应当具备相应的保密管理能力，遵守国家保密规定。

从事国家秘密载体制作、复制、维修、销毁，涉密信息系统集成，武器装备科研生产，或者涉密军事设施建设等涉及国家秘密业务的企业事业单位，应当经过审查批准，取得保密资质。

《保守国家秘密法实施条例》第二十八条规定，企业事业单位从事国家秘密载体制作、复制、维修、销毁，涉密信息系统集成或者武器装备科研生产等涉及国家秘密的业务（以下简称涉密业务），应当由保密行政管理部门或者保密行政管理部门会同有关部门进行保密审查。保密审查不合格的，不得从事涉密业务。

57. 从事涉密业务的企业事业单位应当具备哪些条件？

《保守国家秘密法实施条例》第二十九条规定，从事涉密业务的企业事业单位应当具备下列条件：

（1）在中华人民共和国境内依法成立3年以上的法人，无违法犯罪记录；

（2）从事涉密业务的人员具有中华人民共和国国籍；

（3）保密制度完善，有专门的机构或者人员负责保密工作；

（4）用于涉密业务的场所、设施、设备符合国家保密规定和标准；

（5）具有从事涉密业务的专业能力；

（6）法律、行政法规和国家保密行政管理部门规定的其他条件。

58. 机关、单位采购涉及国家秘密的货物、服务的，应当如何遵守保密规定？

《保守国家秘密法》第四十二条规定，采购涉及国家秘密的货物、服务的机关、单位，直接涉及国家秘密的工程建设、设计、施工、监理等单位，应当遵守国家保密规定。

机关、单位委托企业事业单位从事涉及国家秘密的业务，应当与其签订保密协议，提出保密要求，采取保密措施。

《保守国家秘密法实施条例》第二十六条规定，机关、单位采购涉及国家秘密的工程、货物和服务的，应当根据国家保密规定确定密级，并符合国家保密规定和标准。机关、单位应当对提供工程、货物和服务的单位提出保密管理要求，并与其签订保密协议。

政府采购监督管理部门、保密行政管理部门应当依法加强对涉及国家秘密的工程、货物和服务采购的监督管理。

59. 如何对涉密人员进行分类管理？

《保守国家秘密法》第四十三条规定，在涉密岗位工作的人员（以下简称涉密人员），按照涉密程度分为核心涉密人员、重要涉密人员和一般涉密人员，实行分类管理。

任用、聘用涉密人员应当按照国家有关规定进行审查。

涉密人员应当具有良好的政治素质和品行，经过保密教育培训，具备胜任涉密岗位的工作能力和保密知识技能，签订保密承诺书，严格遵守国家保密规定，承担保密责任。

涉密人员的合法权益受法律保护。对因保密原因合法权益受到影响和限制的涉密人员，按照国家有关规定给予相应待遇或者补偿。

《保守国家秘密法》第四十四条规定，机关、单位应当建立健全涉密人员管理制度，明确涉密人员的权利、岗位责任和要求，对涉密人员履行职责情况开展经常性的监督检查。

《保守国家秘密法实施条例》第三十条规定，涉密人员的分类管理、任（聘）用审查、脱密期管理、权益保障等具体办法，由国家保密行政管理部门会同国务院有关主管部门制定。

60. 涉密人员出境有什么限制？

《保守国家秘密法》第四十五条规定，涉密人员出境应当经有关部门批准，有关机关认为涉密人员出境将对国家安全造成危害或者对国家利益造成重大损失的，不得批准出境。

61. 涉密人员离岗离职应当符合什么要求？

《保守国家秘密法》第四十六条规定，涉密人员离岗离职应当遵守国家保密规定。机关、单位应当开展保密教育提醒，清退国家秘密载体，实行脱密期管理。涉密人员在脱密期内，不得违反规定就业和出境，不得以任何方式泄露国家秘密；脱密期结束后，应当遵守国家保密规定,对知悉的国家秘密继续履行保密义务。涉密人员严重违反离岗离职及脱密期国家保密规定的,机关、单位应当及时报告同级保密行政管理部门,由保密行政管理部门会同有关部门依法采取处置措施。

62. 国家工作人员或者其他公民发现国家秘密已经泄露或者可能泄露时,应当采取什么措施?

《保守国家秘密法》第四十七条规定,国家工作人员或者其他公民发现国家秘密已经泄露或者可能泄露时,应当立即采取补救措施并及时报告有关机关、单位。机关、单位接到报告后,应当立即作出处理,并及时向保密行政管理部门报告。

第四章　监督管理

63. 国家保密行政管理部门有哪些职责？

《保守国家秘密法》第四十八条规定，国家保密行政管理部门依照法律、行政法规的规定，制定保密规章和国家保密标准。

64. 保密行政管理部门负责哪些工作？

《保守国家秘密法》第四十九条规定，保密行政管理部门依法组织开展保密宣传教育、保密检查、保密技术防护、保密违法案件调查处理工作，对保密工作进行指导和监督管理。第五十五条规定，设区的市级以上保密行政管理部门建立保密风险评估机制、监测预警制度、应急处置制度，会同有关部门开展信息收集、分析、通报工作。

65. 保密行政管理部门发现国家秘密确定、变更或者解除不当的,应当采取什么措施?

《保守国家秘密法》第五十条规定,保密行政管理部门发现国家秘密确定、变更或者解除不当的,应当及时通知有关机关、单位予以纠正。

66. 保密行政管理部门如何对机关、单位遵守保密法律法规和相关制度的情况进行检查并作出处理?

《保守国家秘密法》第五十一条规定,保密行政管理部门依法对机关、单位遵守保密法律法规和相关制度的情况进行检查;涉嫌保密违法的,应当及时调查处理或者组织、督促有关机关、单位调查处理;涉嫌犯罪的,应当依法移送监察机关、司法机关处理。

对严重违反国家保密规定的涉密人员,保

密行政管理部门应当建议有关机关、单位将其调离涉密岗位。

有关机关、单位和个人应当配合保密行政管理部门依法履行职责。

67. 保密行政管理部门在保密检查和案件调查处理中,可以采取什么措施?

《保守国家秘密法》第五十二条规定,保密行政管理部门在保密检查和案件调查处理中,可以依法查阅有关材料、询问人员、记录情况,先行登记保存有关设施、设备、文件资料等;必要时,可以进行保密技术检测。

保密行政管理部门对保密检查和案件调查处理中发现的非法获取、持有的国家秘密载体,应当予以收缴;发现存在泄露国家秘密隐患的,应当要求采取措施,限期整改;对存在泄露国家秘密隐患的设施、设备、场所,应当责令停止使用。

68. 保密行政管理部门在保密检查过程中,发现有泄密隐患的,可以采取什么措施?

《保守国家秘密法实施条例》第三十三条规定,保密行政管理部门在保密检查过程中,发现有泄密隐患的,可以查阅有关材料、询问人员、记录情况;对有关设施、设备、文件资料等可以依法先行登记保存,必要时进行保密技术检测。有关机关、单位及其工作人员对保密检查应当予以配合。

保密行政管理部门实施检查后,应当出具检查意见,对需要整改的,应当明确整改内容和期限。

69. 机关、单位发现国家秘密已经泄露或者可能泄露的,应当采取什么措施?

《保守国家秘密法实施条例》第三十四条规定,机关、单位发现国家秘密已经泄露或者可能泄露的,应当立即采取补救措施,并在二十四小时内向同级保密行政管理部门和上级主管部门报告。

地方各级保密行政管理部门接到泄密报告的,应当在二十四小时内逐级报至国家保密行政管理部门。

70. 保密行政管理部门对涉嫌泄露国家秘密的线索和案件,应当如何处理?

《保守国家秘密法实施条例》第三十五条规定,保密行政管理部门对公民举报、机关和单位报告、保密检查发现、有关部门移送的涉嫌泄露国家秘密的线索和案件,应当依法及时调查或者组织、督促有关机关、单位调查处理。调查工作结束后,认为有违反保密法律法规的事实,需要追究责任的,保密行政管理部门可以向有关机关、单位提出处理建议。有关机关、单位应当及时将处理结果书面告知同级保密行政管理部门。

71. 保密行政管理部门收缴非法获取、持有的国家秘密载体，应当采取什么措施？

《保守国家秘密法实施条例》第三十六条规定，保密行政管理部门收缴非法获取、持有的国家秘密载体，应当进行登记并出具清单，查清密级、数量、来源、扩散范围等，并采取相应的保密措施。

保密行政管理部门可以提请公安、工商行政管理等有关部门协助收缴非法获取、持有的国家秘密载体，有关部门应当予以配合。

72. 什么部门负责对办理涉嫌泄露国家秘密案件的机关提出鉴定的事项是否属于国家秘密、属于何种密级作出鉴定？

《保守国家秘密法实施条例》第三十七条规定，国家保密行政管理部门或者省、自治区、直辖市保密行政管理部门应当依据保密法律法规和保密事项范围，对办理涉嫌泄露国家秘密案件的机关提出鉴定的事项是否属于国家秘密、属于何种密级作出鉴定。

保密行政管理部门受理鉴定申请后,应当自受理之日起三十日内出具鉴定结论;不能按期出具鉴定结论的,经保密行政管理部门负责人批准,可以延长三十日。

73. 保密行政管理部门应当依法对机关、单位执行保密法律法规的哪些情况进行检查?

《保守国家秘密法实施条例》第三十二条规定,保密行政管理部门依法对机关、单位执行保密法律法规的下列情况进行检查:

(1) 保密工作责任制落实情况;
(2) 保密制度建设情况;
(3) 保密宣传教育培训情况;
(4) 涉密人员管理情况;
(5) 国家秘密确定、变更和解除情况;
(6) 国家秘密载体管理情况;

（7）信息系统和信息设备保密管理情况；

（8）互联网使用保密管理情况；

（9）保密技术防护设施设备配备使用情况；

（10）涉密场所及保密要害部门、部位管理情况；

（11）涉密会议、活动管理情况；

（12）信息公开保密审查情况。

74. 办理涉嫌泄露国家秘密案件的机关，对有关事项是否属于国家秘密、属于何种密级如何进行鉴定？

《保守国家秘密法》第五十三条规定，办理涉嫌泄露国家秘密案件的机关，需要对有关事项是否属于国家秘密、属于何种密级进行鉴定的，由国家保密行政管理部门或者省、自治区、直辖市保密行政管理部门鉴定。

75. 机关、单位对违反国家保密规定的人员不依法给予处分的，保密行政管理部门应当如何处理？

《保守国家秘密法》第五十四条规定，机关、单位对违反国家保密规定的人员不依法给予处分的，保密行政管理部门应当建议纠正；对拒不纠正的，提请其上一级机关或者监察机关对该机关、单位负有责任的领导人员和直接责任人员依法予以处理。

76. 保密协会等行业组织如何开展工作？

《保守国家秘密法》第五十六条规定，保密协会等行业组织依照法律、行政法规的规定开展活动，推动行业自律，促进行业健康发展。

第五章 法律责任

77. 哪些违反《保守国家秘密法》的行为应当受到处分？

《保守国家秘密法》第五十七条规定，违反本法规定，有下列情形之一，根据情节轻重，依法给予处分；有违法所得的，没收违法所得：

（1）非法获取、持有国家秘密载体的；

（2）买卖、转送或者私自销毁国家秘密载体的；

（3）通过普通邮政、快递等无保密措施的渠道传递国家秘密载体的；

（4）寄递、托运国家秘密载体出境，或者未经有关主管部门批准，携带、传递国家秘密载体出境的；

(5) 非法复制、记录、存储国家秘密的;

(6) 在私人交往和通信中涉及国家秘密的;

(7) 未按照国家保密规定和标准采取有效保密措施,在互联网及其他公共信息网络或者有线和无线通信中传递国家秘密的;

(8) 未按照国家保密规定和标准采取有效保密措施,将涉密信息系统、涉密信息设备接入互联网及其他公共信息网络的;

(9) 未按照国家保密规定和标准采取有效保密措施,在涉密信息系统、涉密信息设备与互联网及其他公共信息网络之间进行信息交换的;

(10) 使用非涉密信息系统、非涉密信息设备存储、处理国家秘密的;

(11) 擅自卸载、修改涉密信息系统的安全技术程序、管理程序的;

(12) 将未经安全技术处理的退出使用的涉密信息设备赠送、出售、丢弃或者改作其他用途的;

（13）其他违反本法规定的情形。

有前述情形尚不构成犯罪，且不适用处分的人员，由保密行政管理部门督促其所在机关、单位予以处理。

78. 哪些情形属于泄露国家秘密？

《泄密案件查处办法》第四条规定，"泄露国家秘密"是指违反保密法律、法规和规章的下列行为之一：

（1）使国家秘密被不应知悉者知悉的；

（2）使国家秘密超出了限定的接触范围，而不能证明未被不应知悉者知悉的。

第五条规定，存在下列情形之一的，按泄露国家秘密处理：

（1）属于国家秘密的文件资料或者其他物品下落不明的，自发现之日起，绝密级十日内，机密级、秘密级六十日内查无下落的；

（2）未采取符合国家保密规定或者标准的保密措施，在互联网及其他公共信息网络、有线和无线通信中传递国家秘密的；

（3）使用连接互联网或者其他公共信息网络的计算机、移动存储介质等信息设备存储、处理国家秘密，且该信息设备被远程控制的。

79. 机关、单位发生重大泄露国家秘密案件的，有什么后果？

《保守国家秘密法》第五十八条第一款规定，机关、单位违反本法规定，发生重大泄露国家秘密案件的，依法对直接负责的主管人员和其他直接责任人员给予处分。不适用处分的人员，由保密行政管理部门督促其主管部门予以处理。

80. 机关、单位对应当定密的事项不定密，对不应当定密的事项定密，或者未履行解密审核责任的，有什么后果？

《保守国家秘密法》第五十八条第二款规定，机关、单位违反本法规定，对应当定密的事项不定密,对不应当定密的事项定密,或者未履行解密审核责任,造成严重后果的,依法对直接负责的主管人员和其他直接责任人员给予处分。

《国家秘密定密管理暂行规定》第四十三条规定,机关、单位未依法履行定密管理职责,导致定密工作不能正常进行的,应当给予通报批评;造成严重后果的,应当依法追究直接负责的主管人员和其他直接责任人员的责任。

81. 机关、单位负责人发现其指定的定密责任人未依法履行定密职责的,应当如何处理?

《国家秘密定密管理暂行规定》第十七条规定,机关、单位负责人发现其指定的定密责任人未依法履行定密职责的,应当及时纠正;有下列情形之一的,应当作出调整:(1)定密不当,情节严重的;(2)因离岗离职无法继续履行定密职责的;(3)保密行政管理部门建议调整的; (4)因其他原因不宜从事定密工作的。

82. 定密责任人和承办人违反定密管理规定的,应当如何处理?

《国家秘密定密管理暂行规定》第四十二条规定,定密责任人和承办人违反本规定,有下列行为之一的,机关、单位应当及时纠正并进行批评教育;造成严重后果的,依纪依法给予处分:

(1)应当确定国家秘密而未确定的;

(2)不应当确定国家秘密而确定的;

(3)超出定密权限定密的;

(4)未按照法定程序定密的;

(5)未按规定标注国家秘密标志的;

(6)未按规定变更国家秘密的密级、保密期限、知悉范围的;

(7)未按要求开展解密审核的;

(8) 不应当解除国家秘密而解除的;

(9) 应当解除国家秘密而未解除的;

(10) 违反本规定的其他行为。

83. 网络运营者未按照《保守国家秘密法》对其用户发布的信息进行管理的,有什么后果?

《保守国家秘密法》第三十四条规定,网络运营者应当加强对其用户发布的信息的管理,配合监察机关、保密行政管理部门、公安机关、国家安全机关对涉嫌泄露国家秘密案件进行调查处理;发现利用互联网及其他公共信息网络发布的信息涉嫌泄露国家秘密的,应当立即停止传输该信息,保存有关记录,向保密行政管理部门或者公安机关、国家安全机关报告;应当根据保密行政管理部门或者公安机关、国家安全机关的要求,删除涉及泄露国家秘密的信息,并对有关设备进行技术处理。

第五十九条规定,网络运营者违反本法第

三十四条规定的,由公安机关、国家安全机关、电信主管部门、保密行政管理部门按照各自职责分工依法予以处罚。

84. 取得保密资质的企业事业单位违反国家保密规定的,有什么后果?

《保守国家秘密法》第六十条第一款规定,取得保密资质的企业事业单位违反国家保密规定的,由保密行政管理部门责令限期整改,给予警告或者通报批评;有违法所得的,没收违法所得;情节严重的,暂停涉密业务、降低资质等级;情节特别严重的,吊销保密资质。

85. 未取得保密资质的企业事业单位违反国家保密规定的,有什么后果?

根据《保守国家秘密法》第四十一条第二款、第六十条第二款规定,未取得保密资质的企业事业单位违法从事国家秘密载体制作、复制、维修、销毁,涉密信息系统集成,武器装备科研生产，或者涉密军事设施建设等涉及国家秘密业务的，由保密行政管理部门责令停止涉密业务，给予警告或者通报批评；有违法所得的，没收违法所得。

86. 机关、单位委托未经保密审查的单位从事涉密业务的，有什么后果？

《保守国家秘密法实施条例》第四十三条规定，机关、单位委托未经保密审查的单位从事涉密业务的，由有关机关、单位对直接负责的主管人员和其他直接责任人员依法给予处分。

未经保密审查的单位从事涉密业务的，由保密行政管理部门责令停止违法行为；有违法所得的，由工商行政管理部门没收违法所得。

87. 保密行政管理部门的工作人员滥用职权、玩忽职守、徇私舞弊的，有什么后果？

《保守国家秘密法》第六十一条规定，保

密行政管理部门的工作人员在履行保密管理职责中滥用职权、玩忽职守、徇私舞弊的，依法给予处分。

《保守国家秘密法实施条例》第四十四条规定，保密行政管理部门未依法履行职责，或者滥用职权、玩忽职守、徇私舞弊的，对直接负责的主管人员和其他直接责任人员依法给予处分；构成犯罪的，依法追究刑事责任。

88. 机关、单位发生泄露国家秘密案件不按照规定报告或者未采取补救措施的，有什么后果？

《保守国家秘密法实施条例》第三十九条规定，机关、单位发生泄露国家秘密案件不按照规定报告或者未采取补救措施的，对直接负责的主管人员和其他直接责任人员依法给予处分。

89. 有关机关、单位及其工作人员逃避、妨碍保密检查或者泄露国家秘密案件查处的，有什么后果？

《保守国家秘密法实施条例》第四十条第一款规定，在保密检查或者泄露国家秘密案件查处中，有关机关、单位及其工作人员拒不配合，弄虚作假，隐匿、销毁证据，或者以其他方式逃避、妨碍保密检查或者泄露国家秘密案件查处的，对直接负责的主管人员和其他直接责任人员依法给予处分。

90. 企业事业单位及其工作人员协助机关、单位逃避、妨碍保密检查或者泄露国家秘密案件查处的，有什么后果？

《保守国家秘密法实施条例》第四十条第二款规定，企业事业单位及其工作人员协助机关、单位逃避、妨碍保密检查或者泄露国家秘密案件查处的，由有关主管部门依法予以处罚。

91. 经保密审查合格的企业事业单位违反保密管理规定的，有什么后果？

《保守国家秘密法实施条例》第四十一条规定，经保密审查合格的企业事业单位违反保密管理规定的，由保密行政管理部门责令限期整改，逾期不改或者整改后仍不符合要求的，暂停涉密业务；情节严重的，停止涉密业务。

92. 涉密信息系统未按照规定进行检测评估和审查而投入使用的，有什么后果？

《保守国家秘密法实施条例》第四十二条规定，涉密信息系统未按照规定进行检测评估和审查而投入使用的，由保密行政管理部门责令改正，并建议有关机关、单位对直接负责的主管人员和其他直接责任人员依法给予处分。

93. 在反间谍工作中,泄露国家秘密的,有什么后果?

《反间谍法》第六十条规定,违反本法规定,泄露有关反间谍工作的国家秘密,构成犯罪的,依法追究刑事责任;尚不构成犯罪的,由国家安全机关予以警告或者处十日以下行政拘留,可以并处三万元以下罚款。

94. 单位不认真履行反间谍安全防范责任和义务,发生为境外窃取、刺探、收买、非法提供国家秘密、情报案件的,有什么后果?

《反间谍安全防范工作规定》第二十八条规定,机关、团体、企业事业组织和其他社会组织违反本规定,发生间谍案件、叛逃案件、为境外窃取、刺探、收买、非法提供国家秘密、情报案件,以及其他危害国家安全案事件的,国家安全机关可以依法责令限期整改;被责令整改单位应当于整改期限届满前向国家安全机关提交整改报告,国家安全机关应当自收到整改报告之日起十五个工作日内对整改情况进行检查。

95. 泄露与国家情报工作有关的国家秘密的,有什么后果?

《国家情报法》第二十九条规定,泄露与国家情报工作有关的国家秘密的,由国家情报工作机构建议相关单位给予处分或者由国家安全机关、公安机关处警告或者十五日以下拘留;构成犯罪的,依法追究刑事责任。

96. 为境外窃取、刺探、收买、非法提供国家秘密、情报的,应当承担什么刑事责任?

《刑法》第一百一十一条规定了为境外窃取、刺探、收买、非法提供国家秘密、情报罪,即为境外的机构、组织、人员窃取、刺探、收买、非法提供国家秘密或者情报的，处五年以上十年以下有期徒刑；情节特别严重的，处十年以上有期徒刑或者无期徒刑；情节较轻的，处五年以下有期徒刑、拘役、管制或者剥夺政治权利。

97. 非法获取国家秘密的，应当承担什么刑事责任？

《刑法》第二百八十二条第一款规定了非法获取国家秘密罪，即以窃取、刺探、收买方法，非法获取国家秘密的，处三年以下有期徒刑、拘役、管制或者剥夺政治权利；情节严重的，处三年以上七年以下有期徒刑。

98. 非法持有国家绝密、机密文件、资料、物品的，应当承担什么刑事责任？

《刑法》第二百八十二条第二款规定了非法持有国家绝密、机密文件、资料、物品罪，即非法持有属于国家绝密、机密的文件、资料或者其他物品，拒不说明来源与用途的，处三年以下有期徒刑、拘役或者管制。

99. 泄露国家秘密的，应当承担什么刑事责任？

《刑法》第三百九十八条规定了故意泄露国家秘密罪、过失泄露国家秘密罪，即国家机关工作人员违反《保守国家秘密法》的规定，故意或者过失泄露国家秘密，情节严重的，处三年以下有期徒刑或者拘役；情节特别严重的，处三年以上七年以下有期徒刑。非国家机关工作人员犯该罪的，依照该罪的规定酌情处罚。

100. 非法获取军事秘密的，应当承担什么刑事责任？

《刑法》第四百三十一条规定了非法获取军事秘密罪。以窃取、刺探、收买方法，非法获取军事秘密的，处五年以下有期徒刑；情节严重的，处五年以上十年以下有期徒刑；情节特别严重的,处十年以上有期徒刑。为境外的机构、组织、人员窃取、刺探、收买、非法提供军事秘密的,处五年以上十年以下有期徒刑;情节严重的,处十年以上有期徒刑、无期徒刑或者死刑。

101. 泄露军事秘密的,应当承担什么刑事责任?

《刑法》第四百三十二条规定了故意泄露军事秘密罪、过失泄露军事秘密罪,即违反保守国家秘密法规,故意或者过失泄露军事秘密,情节严重的,处五年以下有期徒刑或者拘役;情节特别严重的,处五年以上十年以下有期徒刑。

战时犯故意泄露军事秘密罪、过失泄露军事秘密罪的,处五年以上十年以下有期徒刑;情节特别严重的,处十年以上有期徒刑或者无期徒刑。

第五章　法律责任

102. 非法获取、持有属于国家秘密的文件、数据、资料、物品，尚不构成犯罪的，应当如何处理？

根据《反间谍法》第六十一条的规定，非法获取、持有属于国家秘密的文件、数据、资料、物品，尚不构成犯罪的，由国家安全机关予以警告或者处十日以下行政拘留。

103. 什么是"非法持有属于国家秘密的文件、资料和其他物品"？

《反间谍法实施细则》第十七条规定，"非法持有属于国家秘密的文件、资料和其他物品"是指：

（1）不应知悉某项国家秘密的人员携带、存放属于该项国家秘密的文件、资料和其他物品的；

（2）可以知悉某项国家秘密的人员，未经办理手续，私自携带、留存属于该项国家秘密的文件、资料和其他物品的。

104. 机关、单位对履行职能过程中产生或者获取的不属于国家秘密但泄露后会造成一定不利影响的事项,如何进行管理?

《保守国家秘密法》第六十四条规定,机关、单位对履行职能过程中产生或者获取的不属于国家秘密但泄露后会造成一定不利影响的事项,适用工作秘密管理办法采取必要的保护措施。工作秘密管理办法另行规定。

典型案例

1. 领取涉密文件随意找人代领,造成泄密①

基本案情

2018年4月,某市机要部门通知原市检验检疫局服务中心文件专管员周某紧急去取一套涉密文件,但周某忙于手头其他工作,难以走开。周某认为,取文件而已,反正谁去都一样,便未向分管领导报告,私自委托新入职尚未接受保密培训的驾驶员赵某帮其代领。赵某领取文件后,出于炫耀心理,在返回途中于车内私自用手机将其中3份机密级文件首页进行

---

① 《密件经手责任重 切勿违规受惩处》,载国家保密局网站,https://www.gjbmj.gov.cn/n1/2019/0418/c420077-31037188.html。

拍照，并实时在微信群"相亲相爱一家人"中发布，造成泄密。

处理结果

案件发生后，有关单位对赵某作出解除劳动合同，并移交司法机关的处理；取消周某文件专管员资格，责令作出书面检查，并处罚金1000元；对服务中心主任某进行诫勉谈话；给予该局办公室主任刘某党内警告处分，对副局长任某、局长奉某进行约谈，并责令作出书面检查。

案例警示

作为文件专管员的周某，在明知文件"专管"要求的情况下，仍私自委托新人赵某代领文件，自认为不会出问题，最终造成泄密事件。此外，实践中，还有收取密件时心存旁骛，忙于其他工作、私人事务，如放假、下班、就医等，对密件随手处置泄密；收取涉密文件时不按规定置于保密柜中，随意放于桌面、玻璃柜、抽屉等位置，导致文件丢失或被他人复印、窃取；取件返程途中违规乘坐公共交通工具将密件遗失等情况。在从事涉及国家秘密的工作事项时，一定要心有所畏，敬畏法纪、敬畏工作，时刻保持如临深渊、如履薄冰的自觉与谨慎，始终把保密纪律和规矩挺在前面，将保密要求内化于心、外化于行。

2. 接收、发送压缩包文件时未逐级展开查看所有文件，造成泄密[①]

基本案情

2019年1月，有关部门在工作中发现，某市政府部门办公室刘某使用QQ软件传输涉密文件扫描件。经查，刘某为收件方，发件方为同处室的同事霍某。原来，为尽快完成某项目申报任务，其他部门同事王某通过机密级涉密计算机将材料以压缩包形式发给霍某，督促其

[①]《密件经手责任重　切勿违规受惩处》，载国家保密局网站，https://www.gjbmj.gov.cn/n1/2019/0418/c420077-31037188.html。

抓紧按要求开展工作。因时间紧、任务重，霍某仅粗粗查看了压缩包中的一级目录，未发现存在于二级目录中的1份机密级文件，便用光盘将该压缩包从涉密计算机中导出，复制到自己的连接互联网计算机上并通过QQ发给刘某。案发时，刘某也尚未及时查看压缩包中所有文件，未发现其中包含密件。

案例警示

实践中，还有贪图便利，明知不符合保密规定，仍然违规复印、扫描、摘录、汇编；为参考学习，私自拍照上传至互联网计算机中；为了将字体放大方便观看而将文件拍照后上传至互联网计算机等情况。管理文件时要审慎处理，对自己传阅的文件要认真审阅，及时发现文件密级、保密期限、发放范围等核心要素，避免通过互联网违规传递。要将保密知识和保密能力作为一项业务基本功，积极参加保密业务培训及保密宣传教育活动，主动学习保密知识，不断增强保密意识，熟练掌握保密工作的方针政策和法规纪律要求，全面掌握岗位所必需的保密知识和技能。

3. 未按规定履行工作交接手续，私自将涉密文件拷入非涉密计算机，造成泄密[①]

基本案情

2015年5月，有关部门在工作中发现，某县县委宣传部一台连接互联网的计算机违规存储、处理国家秘密信息。经查，该计算机使用人为工作人员易某。同年3月，工作人员陈某因临盆在即，产假交接工作过程中，贪图省事，未按规定履行工作交接手续，在未告知相关领导及同事的情况下，私自将移动硬盘中的部分涉密文件与非涉密文件一并拷贝至易某使用的非涉密计算机上（内含3份秘密级文件）。易某接手工作后，工作量激增，未能及时对陈

---

① 《密件经手责任重 切勿违规受惩处》，载国家保密局网站，https://www.gjbmj.gov.cn/n1/2019/0418/c420077-31037188.html。

某交接的电子文件过目,导致对该情况未能及时发现并作出正确处理。

处理结果

事件发生后,有关单位给予陈某、易某行政警告处分,在全地区范围内进行通报批评;并对县委宣传部主要领导进行诫勉谈话。

案例警示

案例中,陈某、易某将涉密文件置于危险境地,对后续可能产生的危害后果持放任态度,将个人的利益、便利凌驾于国家秘密安全之上,造成泄密。此外,实践中还有该移交不移交,将手中密件隐匿不交或私自留存备份,从阶段性经手变为长期持有,后续或自用,或贩卖,进而造成泄密或泄密隐患;"一揽子"移交,不按规定将密件、非密件分类移交,不详细告知接手人注意事项,甚至"单方"移交,不与接手人发生接触,自顾自办理完毕;不告知移交的计算机中存在涉密文件导致接手人误连互联网等情况。保密工作事关党和国家发展全局，要不断提高政治站位，深刻认识到做好保密工作对国家安全和利益的重要意义，牢记肩上的保密责任。在日常工作中要严格按照保密规定行文办事，坚决杜绝失泄密事件发生。

4. 公职人员被境外间谍组织拉拢腐蚀，出卖国家秘密[①]

基本案情

许某，我国边境某县机关工作人员。2011年，许某赴境外出差，结识了当地工作人员晋某。后来，因为工作需要，许某多次出境找晋某帮忙。交往中，许某发现，晋某背景雄厚，无论是权力还是财力，都让他刮目相看。

刚开始双方认识是因为工作，但是许某看到晋某豪气冲天、挥金如土以后，他的心态发生了变化，逐渐想从晋某身上捞点好处。晋某

---

① 改编自微信公众号"中央政法委长安剑"2020年11月2日发布的典型案例。

也是看中了许某边境机关公职人员的身份，就刻意地不断深化双方的感情，逐渐地把工作关系转化为私人感情，这时候就发生了质的变化。

无论于公于私，许某都把晋某当成无话不谈的朋友。后来，晋某按照国外间谍情报机关指示，要求许某搜集中方掌握的涉及该国某事件的有关情况，以及中方内部的考虑等。于是，许某按照要求，将搜集到的情报提供给晋某。许某提供完情报以后，晋某就指示他提供一个银行账号，然后以给茶水费的说法往账户里汇款。许某通过这种方式来收受晋某提供的经费。

经鉴定，许某向该国提供的情报涉及5项机密级国家秘密。2016年1月，国家安全机关依法对许某采取强制措施。

裁判结果

2017年12月，法院以间谍罪判处许某有期徒刑十五年，剥夺政治权利三年，并处没收个人财产十万元，追缴非法所得十万元。

5. 在校生为境外人员搜集、拍摄涉军装备及部队位置信息[①]

基本案情

被告人陈某某系某职业技术学院学生。2020年2月中旬，陈某某通过"探探"APP平台结识了境外人员"涵"。陈某某在明知"涵"是境外人员的情况下，为获取报酬，于2020年3月至7月，按照"涵"的要求，多次前往军港等军事基地，观察、搜集、拍摄涉军装备及部队位置等信息，并通过微信、坚果云、rocket.chat等软件发送给"涵"。陈某某先后收受"涵"通过微信、支付宝转账的报酬共计人民币1万余元以及鱼竿、卡西欧手表等财物。经密级鉴定，陈某某发送给"涵"的图片涉及1项机密级军事秘密、2项秘密级军事秘密和2项内部事项。

[①] 《检察机关依法惩治危害国家安全犯罪典型案例》，载最高人民检察院网站，https://www.spp.gov.cn/xwfbh/wsfbt/202204/t20220416_554500.shtml#1。

裁判结果

陈某某因犯为境外刺探、非法提供国家秘密罪被判处有期徒刑六年,剥夺政治权利二年,并处没收个人财产人民币一万元。

6. 婚纱摄影师为境外人员远景拍摄军港周边停泊军舰[①]

基本案情

黄某某,案发前系婚纱摄影师。2019年7月,被告人黄某某通过微信聊天与境外人员"琪姐"结识。在"琪姐"的指示下,于2019年7月至2020年5月间,黄某某利用在某军港附近海滩从事婚纱摄影的便利,使用专业照相器材、手机等远景拍摄军港周边停泊的军舰,为了避免暴露自己,黄某某还采用欺骗、金钱引诱等方式委托他人为自己拍摄该军港附近海湾全景。

---

① 《检察机关依法惩治危害国家安全犯罪典型案例》,载最高人民检察院网站,https://www.spp.gov.cn/xwfbh/wsfbt/202204/t20220416_ 554500. shtml#1。

黄某某以每周 2 到 3 次的频率，累计拍摄达 90 余次，其中涉及军港军舰照片 384 张。黄某某将拍摄的照片通过网络以共用网盘、群组共享等方式发送给境外人员"琪姐"，共收取对方提供的报酬人民币 4 万余元。经鉴定，涉案照片涉及绝密级秘密 3 项，机密级秘密 2 项。

裁判结果

黄某某因犯为境外刺探、非法提供国家秘密罪被判处有期徒刑十四年，剥夺政治权利五年，并处没收个人财产人民币四万元。

7. 黄某某为境外人员搜集军港内军舰信息[1]

基本案情

被告人黄某某通过 QQ 与一位境外人员结识，后多次按照对方要求到军港附近进行观测，采取望远镜观看、手机拍摄等方式，搜集军港内

---

[1] 《全民国家安全教育典型案例及相关法律规定》，载最高人民法院网站，https://www.court.gov.cn/zixun-xiangqing-151722.html。

军舰信息，整编后传送给对方，以获取报酬。至案发，黄某某累计向境外人员报送信息90余次，收取报酬54万元。经鉴定，黄某某向境外人员提供的信息属1项机密级军事秘密。

裁判结果

法院认为，被告人黄某某无视国家法律，接受境外人员指使，积极为境外人员刺探、非法提供国家秘密，其行为已构成为境外刺探、非法提供国家秘密罪。依照《刑法》第一百一十一条的规定，对黄某某以为境外刺探、非法提供国家秘密罪判处有期徒刑五年，剥夺政治权利一年，并处没收个人财产人民币五万元。

8. 餐厅老板故意泄露国家安全机关工作秘密[①]

基本案情

2021年3月，因工作需要，国家安全机关

[①] 《国家安全机关公布典型案例》，载微信公众号"中央政法委长安剑"，2022年4月16日。

多次前往北京市西城区某餐厅开展工作，依法要求该餐厅副经理黄某某配合调查，同时告知其保守秘密的义务。不久后，国家安全机关工作发现，该餐厅配合调查的情况疑似被其他人员知悉掌握，给后续工作开展带来了严重不利影响。国家安全机关随即对这一情况进行了深入调查。通过进一步调查取证，证实了黄某某涉嫌泄露有关反间谍工作的国家秘密。

经鉴定，黄某某泄露内容系秘密级国家秘密。在确凿的证据面前，黄某某如实交代，其在明确被告知应保守国家秘密的前提下，先后两次故意对外泄露国家安全机关依法开展工作的情况。此外，在国家安全机关此前依法要求黄某某配合调查时，他还对办案人员故意隐瞒了其所知悉的情况。

处理结果

针对以上违法事实，2021 年 6 月 17 日，国家安全机关对黄某某处以行政拘留十五日的处罚。

9. 做兼职拍照可能泄露国家机密[1]

基本案情

2020年4月,刚刚来到辽宁大连务工的赵某在网上查找招聘信息,一条招聘兼职咨询员的信息引起了他的注意。通过招聘信息里的联系方式,赵某加了叶某为QQ好友。叶某说自己是做城市规划设计的,急需招聘兼职人员来帮她拍摄一些城市风景的照片,辅助她完成设计任务。赵某对这份兼职很感兴趣,试拍之后,赵某通过了叶某的考察,并确定了日薪200元人民币的工资待遇。

工作的第一天,在叶某的遥控指挥下,赵某先后来到大连的港口、造船厂周边拍摄照片,并记录下沿途的地理环境,通过手机发送给叶某。当天中午,赵某收到了200元转账,拍拍照片就能赚钱,赵某以为自己得到了美

---

[1] 改编自微信公众号"中央政法委长安剑"2020年11月2日发布的典型案例。

差，他继续按照叶某的要求拍摄照片并取得报酬，而叶某布置的任务也不断加码。

为了方便拍摄港口中停泊军舰进行维护的照片，叶某甚至还要求赵某到船厂周边的高层公寓租住，还称如果赵某找机会进入造船厂工作，每月还能获得更多的报酬。

4月中旬，赵某看见了国家安全宣传教育的内容，触动很大，感觉这些案例和自己做的事极为相似，非常后悔，认为不应该这么做。经过一番思想斗争，4月20日，赵某在家人陪同下主动向国家安全机关自首。

处理结果

鉴于赵某主动投案，且尚未对我国国家安全造成实质危害，国家安全机关依法免于追究其刑事责任。

案例警示

境外间谍情报机关勾连诱骗我国境内人员，可以说手段无所不用其极，网络就是他们开展情报活动的重要途径之一。本案中，赵某就一不小心落入了境外间谍情报机关布下的圈套,还好其迷途知返,在铸成大错前及时向国家安全机关自首。

  国家安全人人有责,既需要人人参与,也必人人负责、人人尽责。《反间谍法》颁布实施以来,一批公民通过12339举报渠道提供了大量涉及间谍活动的可疑线索,不仅保护了自己,也为国家安全机关发现、制止和依法打击各类危害国家安全行为提供了有力支持和帮助。国家安全机关有关负责人表示,针对受欺骗、受胁迫从事间谍活动且能主动彻底交代问题、认罪悔罪的中国公民,国家安全机关坚持教育为主、惩治为辅,将进一步凝聚全社会维护国家安全的强大合力,为实现中华民族伟大复兴提供坚强保障。

典型案例

10. 认清网络伪装背后的危害国家安全违法犯罪[①]

基本案情

韩某是新疆某地的一名普通基层公务员。2016年12月，韩某赴外地旅游期间，通过手机交友软件与当地一网友结识，相谈甚欢。回到家中后，韩某经常在网上向对方分享自己的生活，并不时抱怨自己的工资太低。对方随即向韩某介绍，称自己的堂哥陈某能够提供兼职，帮助其赚取外快。随后，陈某添加韩某为微信好友，并要求韩某提供当地的一些敏感信息，并承诺支付报酬。韩某应允后，陈某进一步以金钱为诱惑，指挥韩某搜集党政机关涉密文件。对方对韩某提供的文件资料极为重视，为确保安全，专门对韩某进行了间谍培训，教授其沟通联络、传递情报的具体手法，并派专人向韩某提供经费以及手机、

[①] 《国家安全机关公布一批危害国家安全典型案例》，载微信公众号"中央政法委长安剑"，2023年4月14日。

SIM卡等通联工具。此时，韩某在已经明知对方系境外间谍情报机关人员的情况下，为获取高额报酬，仍铤而走险继续搜集提供涉密文件。案发后，人民法院审理查明，韩某先后向对方提供文件资料19份，其中机密级文件6份，秘密级文件8份，被鉴定为情报的资料5份，累计收取间谍经费12万余元。

裁判结果

2019年3月，韩某因犯间谍罪被判处有期徒刑十一年六个月，剥夺政治权利四年，并处没收个人财产五万元人民币。

案例警示

再"精心"的策划和虚假的伪装，也无法掩盖危害国家安全违法犯罪行为的本质。国家安全机关提醒，互联网不是逃避法律责任的"飞地"，任何利用网络窃取国家秘密、制造传播谣言、危害国家安全的行为，都必将受到法律的严惩。清朗的网络空间需要依法治理，更需要我们每一个人的共同努力。

图书在版编目（CIP）数据

保守国家秘密法学习百问百答／中国法制出版社编.—北京：中国法制出版社，2024.3
ISBN 978-7-5216-4318-3

Ⅰ.①保… Ⅱ.①中… Ⅲ.①保密法-中国-问题解答 Ⅳ.①D922.145

中国国家版本馆 CIP 数据核字(2024)第 039683 号

责任编辑：秦智贤　　　　　　　　　封面设计：杨鑫宇

保守国家秘密法学习百问百答
BAOSHOU GUOJIA MIMIFA XUEXI BAIWEN BAIDA

经销／新华书店
印刷／三河市紫恒印装有限公司
开本／880 毫米×1230 毫米　64 开　　印张／1.75　字数／46 千
版次／2024 年 3 月第 1 版　　　　　　2024 年 3 月第 1 次印刷

中国法制出版社出版
书号 ISBN 978-7-5216-4318-3　　　　　　　定价：10.00 元

北京市西城区西便门西里甲 16 号西便门办公区
邮政编码：100053　　　　　　　　　传真：010-63141600
网址：http://www.zgfzs.com　　　　编辑部电话：010-63141798
市场营销部电话：010-63141612　　　印务部电话：010-63141606

（如有印装质量问题，请与本社印务部联系。）

ISBN 978-7-5216-4318-3

定价：10.00元